Heidrun Boddin

Herr Gackermeier

oder wie die Zeit vergeht

Middelhauve

Ticketacke, ticketacke,
zickezacke, Hühnerkacke,
ticketack, die Uhr,
wo ist sie nur?

Bei Familie Gackermeier.
Pünktlich zur Silvesterfeier
schlägt sie **12**-mal laut und kräftig,
Gackermeiers feiern heftig.
Es ist mitten in der Nacht,
alles singt und tanzt und lacht,
und die ganze Hühnerschar
freut sich auf das neue Jahr.

Es wird **1** und **2** und **3**,
keiner denkt sich was dabei,
erst früh um **4**, da geht's nicht mehr,
Herrn Gackermeiers Glas ist leer.
Selig sinkt er in den Schlaf
und alle andern folgen brav.

Doch lange kann der Hahn nicht ruhn,
denn Gackermeier hat zu tun.
Er kann vor Müdigkeit kaum stehn,
egal – um **5** Uhr muss er krähn.
„Kikeriki, kikeriki!!!",
weckt er laut sein Federvieh.
Eier legen sollen sie,
schon um 5 Uhr in der Früh.

Aber niemand will ihn hören,
keiner lässt sich von ihm stören.
Herr Gackermeier schimpft und kräht,
der Uhrenzeiger sich schnell dreht,
dreimal um die volle Stunde,
es ist **8**, und in der Runde
sieht man Gackermeiers Hennen
in aller Ruhe weiterpennen.

Es wird 9 und es wird 10,
kann man so was noch verstehn?
Herr Gackermeier schimpft und kräht,
wobei sich seine Brust aufbläht.

Um 11 Uhr wird er langsam leiser,
denn Gackermeier ist nun heiser.
Er kann die Welt nicht mehr verstehn
und will die Hennen nicht mehr sehn.
Wütend flattert er davon,
doch wen interessiert das schon?

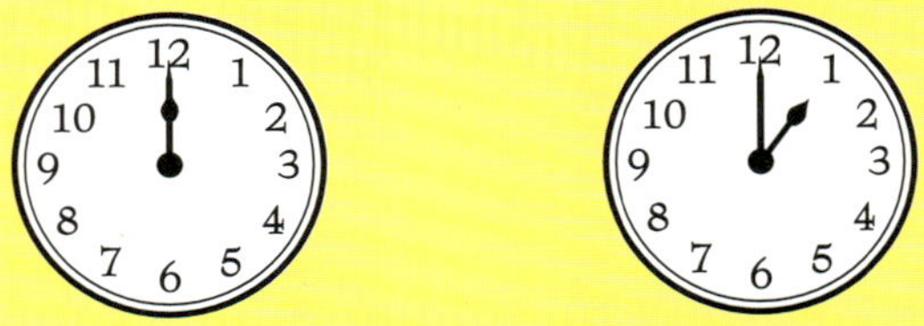

Erst um 12, ganz von allein,
blinzeln unsre Hühnerlein
freundlich in die Mittagssonne,
recken sich mit großer Wonne,
und dann fressen sie sich satt,
bis es 1 geschlagen hat.

Langsam wird es 2 und 3,
die erste Henne legt ein Ei,
die zweite lässt sich nicht lang bitten
und schließlich klappt's auch bei der dritten.

Bis um 4 mit ganzer Kraft
geht die Legemeisterschaft.
Dann gibt's Kuchen und Kaffee
und für alle frischen Klee.

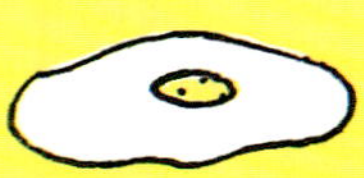

Um **5** Uhr halten sie ein Schwätzchen,
um **6** Uhr spieln sie mit dem Kätzchen.
Dann gehn sie in die Badewanne
und planschen mit der Wasserkanne.

MS
HUHN

Um **7** sitzen sie am Tisch
und essen Butterbrot und Fisch.
Sie zählen noch einmal die Eier,
wo ist bloß Albert Gackermeier?
Den ganzen Tag lang war er weg,
der Schreihals und der Hühnerschreck.
Es war so schön und ungestört,
weil man sein Krähen nicht gehört.

Nun ist es Abend schon, Punkt **8**,
die Lampen werden ausgemacht.
Die Hennen gackern noch ein bisschen,
dann gibt's zur guten Nacht ein Küsschen.

Um **9** Uhr werden sie ganz still,
weil jede endlich schlafen will.
Im dunklen Zimmer hört man nur:
ticktack, ticktack, die große Uhr.

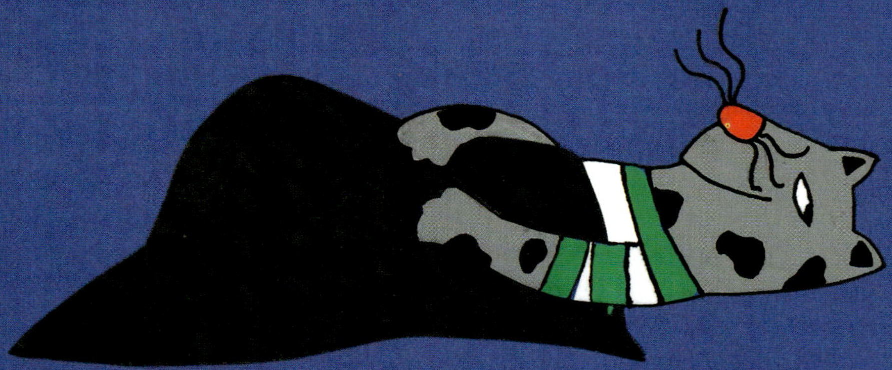

Doch plötzlich, ganz genau um 10,
kann man zwei Hahnenaugen sehn.
Herr Gackermeier kommt zurück,
er sehnt sich nach Familienglück.
Ganz leise schleicht er sich herein
und freut sich auf die Hühnerlein.
Doch diese schnarchen um die Wette
in ihrem schönen großen Bette.

Der Gackermann legt sich dazu,
jedoch er findet keine Ruh.
Den ganzen Tag war er verwirrt
und ratlos nur umhergeirrt.
Besorgt stellt er die Frage sich:
„Ja, geht es denn auch ohne mich?“
Es ist schon weit nach Mitternacht,
als er die Augen zugemacht.

Am nächsten Morgen schreit er nicht,
denkt nicht im Traum an seine Pflicht.
Die Hühner legen ihre Eier
ganz ohne Albert Gackermeier.
Der schläft sich erst mal richtig aus,
dann tritt er vor das Hühnerhaus
und sagt: „Nun hört mal zu, ihr Lieben,
ab morgen kräh ich erst um **7**!“

Die Deutsche Bibliothek – CIP-Einheitsaufnahme

Boddin, Heidrun:
Herr Gackermeier oder wie die Zeit vergeht /
Heidrun Boddin. – München : Middelhauve, 1998
(Middelhauve-Bilderbuch)
ISBN 3-7876-9536-2

Middelhauve® Bilderbuch

ISBN 3-7876-9536-2